ESTE LIBRO CANDLEWICK PERTENECE A:

_____

_____

_____

Al jardín de mi mamá, el lugar
donde quedé encantado por primera vez
con las pequeñas maravillas de la naturaleza
TP

A Massi, porque me enseñó a amar a Costa Rica,
y a mi mamá, porque me enseñó el amor por la ciencia
MJ

UNA
RANITA ARBÓREA

CONTANDO HASTA SOBREVIVIR

Tony Piedra y Mackenzie Joy
traducción de Iraida Iturralde

CANDLEWICK PRESS

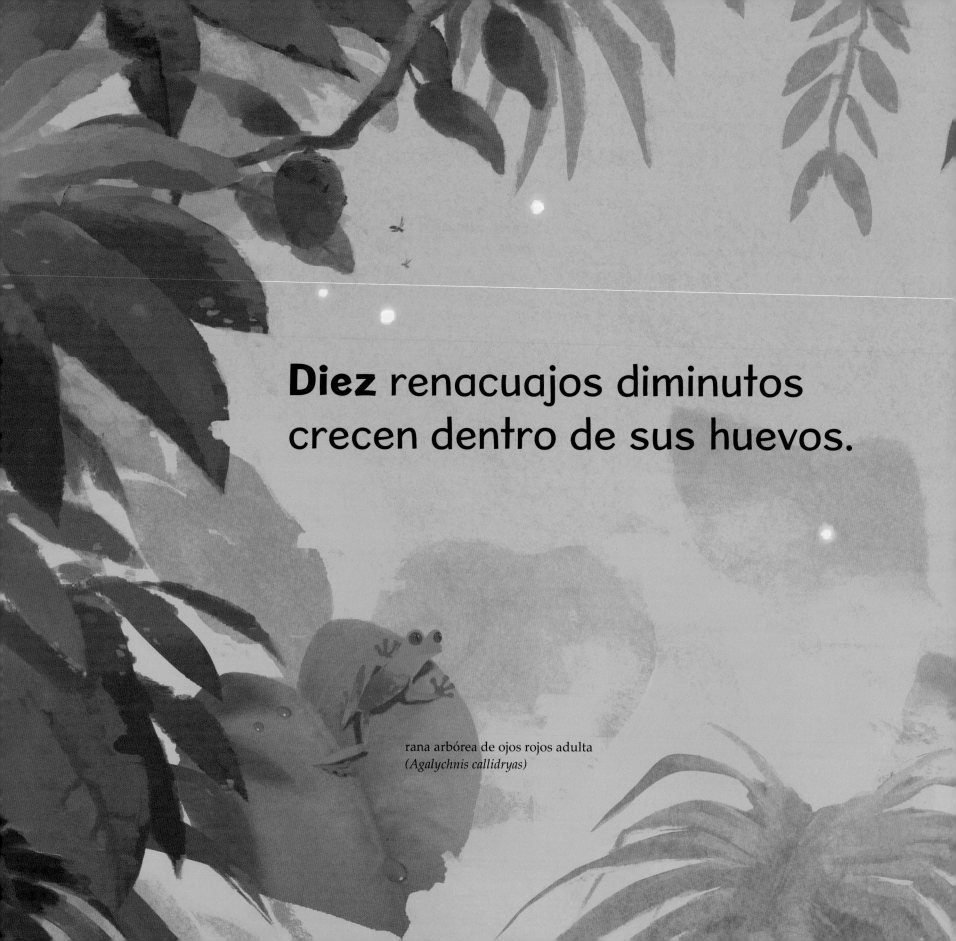

Diez renacuajos diminutos crecen dentro de sus huevos.

rana arbórea de ojos rojos adulta
(*Agalychnis callidryas*)

Nueve renacuajos
alertas comienzan
a menearse para salir.

avispa social
(*Polybia rejecta*)

SE MENEAN

Y SE MENEAN.

Ocho renacuajos se retuercen y se

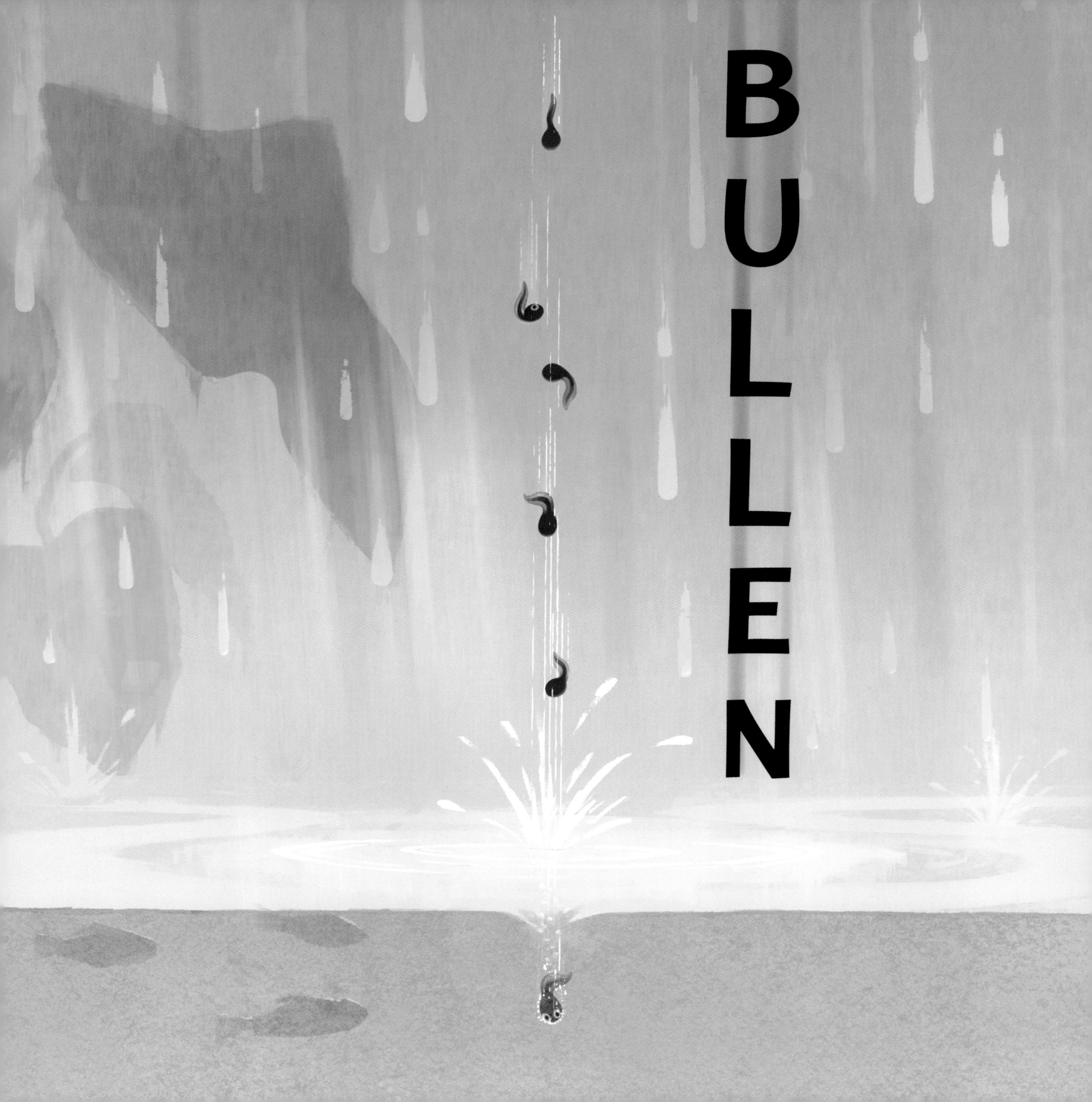
BULLEN

guapote lagunero
(*Parachromis dovii*)

plink

...en un nuevo hogar acuático.

larva de libélula
(*Orthemis discolor*)

Siete renacuajos cautelosos
aprenden a esconderse.

Seis renacuajos pequeños
se asoman a la superficie
del estanque.

libélula
(*Orthemis discolor*)

Cinco renacuajos crecen
y comienzan a patalear.

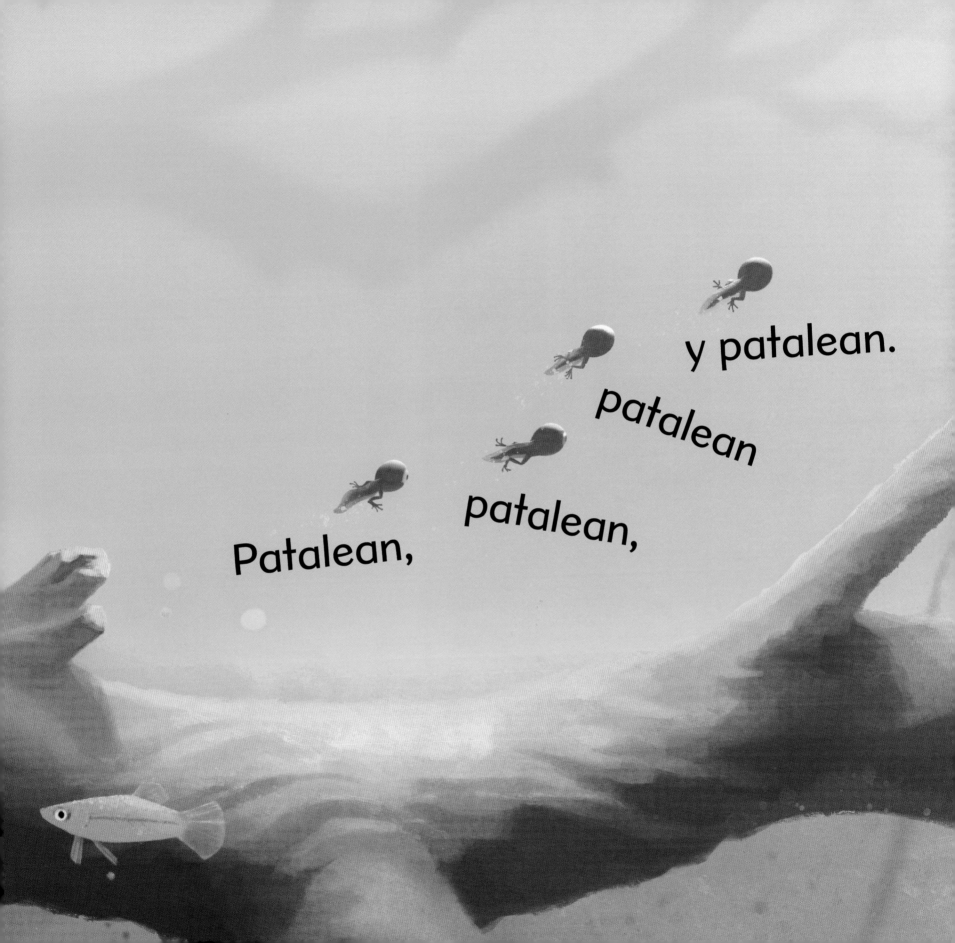

Patalean, patalean, patalean y patalean.

Cuatro renacuajos fuertes emergen para tomar una bocanada de aire.

Tres renacuajos veloces

¡SALTAN!

garza tigre mexicana
(Tigrisoma mexicanum)

Dos renacuajos ágiles
se preparan para salir del agua.

caimán joven
(*Caiman crocodilus*)

Un renacuajo tenaz
ve algo familiar...

Cero renacuajos.

Una ranita arbórea.

¿Qué se necesita para convertirse en una **rana arbórea de ojos rojos?**

(Agalychnis callidryas)

¡Se necesitan muchos huevos!

Las ranas arbóreas de ojos rojos no cuidan de sus crías, de modo que ponen muchos huevos como estrategia de supervivencia. Mientras más huevos ponga una madre rana, más aumentan las probabilidades de que uno de ellos desafíe los pronósticos y logre convertirse en una rana arbórea.

Esta historia comienza con diez huevos, pero las ranas arbóreas de ojos rojos suelen poner nidadas de casi cuarenta huevos en hojas que cuelgan encima de estanques o charcos de agua temporales. Cuando es hora de nacer (eclosionar), los renacuajos se menean y contonean, salen de los huevos y caen al agua debajo. Durante nueve semanas, su vida es completamente acuática y experimentan cambios físicos notables, transformándose de renacuajos a pequeñas ranitas durante un proceso llamado metamorfosis. Cuando se hacen adultas, las ranas arbóreas de ojos rojos nunca regresan al agua. Estas ranas viven en lo alto de los árboles y solo están activas durante la noche.

Nuestra historia transcurre en los bosques húmedos de las tierras bajas de Costa Rica, y todos los animales y plantas de este libro habitan en las aguas y los alrededores de los estanques, lagos y ríos de este pequeño, biodiverso y hermoso país. Costa Rica solo comprende el 0.03 por ciento de la masa continental del mundo, pero sirve de hogar a más del 5 por ciento de las especies del planeta: ¡más de 12,000 plantas, 800 aves, 400 reptiles y anfibios, 200 mamíferos y 175 peces de agua dulce! Más de una cuarta parte del territorio de Costa Rica está protegida en forma de parques nacionales, reservas biológicas y refugios de vida salvaje. Es uno de los países con más áreas naturales protegidas del mundo. Lamentablemente, muchas especies aún están en peligro de extinción.

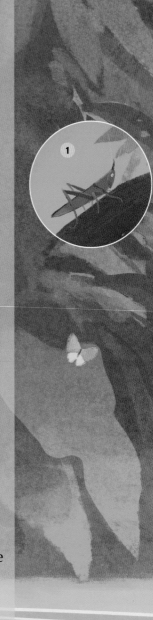

¿Puedes identificar todas las especies costarricenses que aparecen en este libro?

1. esperanza cornuda
   (Copiphora rhinoceros)
2. camarón de río cauque
   (Macrobrachium americanum)
3. avispa social
   (Polybia rejecta)
4. libélula
   (Orthemis discolor)
5. guapote lagunero
   (Parachromis dovii)
6. garza tigre mexicana
   (Tigrisoma mexicanum)
7. caracol de árbol rayado
   (Drymaeus tripictus)
8. mariposa azufre de albaricoque
   (Phoebis argante)
9. caimán
   (Caiman crocodilus)
10. zompopa
    (Atta cephalotes)
11. luciérnaga de tres rayas
    (Photuris trivittata)
12. culebra ojo de gato norteña
    (Leptodeira septentrionalis)
13. olomina convexa
    (Brachyrhaphis rhabdophora)

Sobrevivir para llegar a ser una ranita arbórea

Diez • Las ranas arbóreas de ojos rojos son anfibios nocturnos que ponen sus huevos en hojas que cuelgan sobre estanques y charcos. Los científicos han observado que las ranas arbóreas de ojos rojos suelen poner nidadas de cuarenta a cien huevos a la vez.

Nueve • Los embriones de una rana arbórea de ojos rojos pueden sentir las vibraciones a su alrededor e incluso son capaces de percibir la diferencia entre sucesos inofensivos, como la lluvia o el viento, y sucesos peligrosos, como la proximidad de depredadores hambrientos. Bajo condiciones normales, los embriones salen del huevo en una semana, pero pueden nacer más temprano si presienten una amenaza. Más de la mitad de los depredadores de los embriones de la rana arbórea de ojos rojos son serpientes y avispas.

Ocho • Los embriones suelen salir del huevo en seis u ocho días —a menudo durante un aguacero— y caen como gotas de lluvia en el agua de abajo. Se supone que este tipo de camuflaje les ayuda a esconderse de posibles depredadores, aumentando así sus chances de supervivencia. Según un estudio científico realizado en Costa Rica, solo un 63 por ciento de los embriones sobreviven y llegan a convertirse en renacuajos.

Siete • Las larvas de las libélulas son pequeños depredadores acuáticos de los renacuajos de la rana arbórea de ojos rojos. Al igual que las ranas, las larvas de las libélulas experimentan notables cambios físicos desde que nacen hasta la adultez, durante un proceso llamado metamorfosis. Esta es la larva de una libélula de la especie *Orthemis discolor.*

Seis • Se dice que la rana arbórea es pequeña, pero eso solo es cierto si la comparamos con especies grandes, como nosotros (*Homo sapiens*). En realidad, la hembra adulta de la rana arbórea de ojos rojos típicamente mide entre 2 y 2¾ pulgadas (51 y 71 milímetros) de largo y el macho adulto mide entre 1 y 2¼ pulgadas (30 y 59 milímetros). Con sus casi 2 pulgadas (48 milímetros) de largo, puede decirse que los renacuajos son bastante grandes.

Cinco • Aproximadamente a los treinta días de nacidos, a medida que pasan por la metamorfosis, a los renacuajos de la rana arbórea de ojos rojos les empiezan a salir patas traseras. Algunos renacuajos se desarrollan con más lentitud, y son más vulnerables ante los depredadores. Dos de los más exitosos depredadores de los renacuajos de la rana arbórea de ojos rojos son la olomina convexa y el camarón de río cauque.

Cuatro • Durante sus primeras dos semanas de vida, los renacuajos respiran debajo del agua, como los peces, y absorben oxígeno a través de branquias. Pero a medida que pasan por la metamorfosis, sus branquias se degeneran y entonces desarrollan pulmones, formando músculos y cartílago para facilitar el bombeo del aire. En esta etapa de su desarrollo, los renacuajos se transforman en pequeñas ranitas y tienen que subir a la superficie para respirar.

Tres • A medida que maduran, las ranitas pasan menos tiempo en el agua y enfrentan un nuevo grupo de depredadores terrestres, entre ellos la garza tigre mexicana. Según los estudios que se han realizado sobre la rana arbórea de ojos rojos en cautiverio, su metamorfosis completa toma de sesenta a ochenta días. Pero se sabe menos acerca de lo que les ocurre en su hábitat natural, ya que se trata de una especie nocturna que habita en los árboles. La ciencia se instruye y se rectifica constantemente, a medida que se hacen nuevos descubrimientos. ¡Quién sabe qué descubriremos en el futuro!

Dos • Aunque el libro presenta depredadores hambrientos, como el caimán bebé, los renacuajos de la rana arbórea de ojos rojos se pasan todo el tiempo comiendo. El proceso de metamorfosis les roba tanta energía que tienen que comer constantemente para sostener su crecimiento. De renacuajos, son mayormente herbívoros y se alimentan de algas verdes y vegetación suspendida en descomposición. De adultos, se vuelven carnívoros y se alimentan de insectos como grillos, moscas, saltamontes y polillas. Incluso a veces hasta comen ranas más pequeñas.

 Uno • Puede que te preguntes por qué las ranas arbóreas de este libro no aparecen con los ojos rojos hasta la última página. Y es porque sus ojos no se vuelven rojos y su cuerpo no desarrolla su característico patrón de coloración hasta que la rana madura. La coloración roja aparece por primera vez en el borde del ojo alrededor de dos semanas después de la metamorfosis, y en el transcurso de varios días se esparce hacia adentro, hasta que todo el ojo se vuelve rojo.

 Cero • Las ranas arbóreas de ojos rojos viven en los bosques húmedos de las tierras bajas de Centroamérica, desde la península de Yucatán hasta el norte de Colombia. Las ranas arbóreas de ojos rojos que aparecen en este libro viven en Costa Rica. Muchos libros ilustrados y documentales sobre la naturaleza les presentan a los espectadores un mundo sin señales de civilización humana. No obstante, si te adentras en la selva costarricense podrás ver evidencia de la presencia humana, desde sutiles veredas hasta puentes colgantes, distantes torres celulares o luces de poblados cercanos. En las ilustraciones de este libro hemos incluido señales de civilización humana para que tengas presente que, aunque aún queda mucha jungla y vida salvaje, los humanos nunca están lejos.

El ciclo de vida de una rana arbórea de ojos rojos

Embriones en desarrollo
Rana adulta
Renacuajos recién nacidos
Renacuajo en etapa temprana tras nacer, con branquias externas
Rana juvenil
Renacuajo con patas
Ranita

Bibliografía selecta

Caldwell, Michael S., J. Gregory McDaniel y Karen Warkentin. "Is It Safe? Red-Eyed Treefrog Embryos Assessing Predation Risk Use Two Features of Rain Vibrations to Avoid False Alarms." *Animal Behaviour*, vol. 79, no. 2 (2010): 255–260. https://doi.org/10.1016/j.anbehav.2009.11.005.

Warkentin, Karen M. "Effects of Hatching Age on Development and Hatchling Morphology in the Red-Eyed Tree Frog, *Agalychnis callidryas*." *Biological Journal of the Linnean Society*, vol. 68, no. 3 (1999): 443–470. https://doi.org/10.1111/j.1095-8312.1999.tb01180.x.

Warkentin, Karen M. "Wasp Predation and Wasp-Induced Hatching of Red-Eyed Treefrog Eggs." *Animal Behaviour*, vol. 60, no. 4 (2000): 503–510. https://doi.org/10.1006/anbe.2000.1508.

Sugerencias de lecturas y videos adicionales

Para una guía integral sobre los anfibios y reptiles de Costa Rica, consulta: Savage, Jay Mathers. *The Amphibians and Reptiles of Costa Rica: A Herpetofauna between Two Continents, between Two Seas.* Chicago: University of Chicago Press, 2002.

Para conocer anfibios, reptiles e insectos que viven en los trópicos, consulta: Naskrecki, Piotr. *The Smaller Majority: The Hidden World of the Animals That Dominate the Tropics.* Cambridge, MA: Belknap Press of Harvard University Press, 2005.

Consulta uno de nuestros libros favoritos, una guía sobre todas las plantas y los animales que llaman a la Tierra su hogar: Hennessy, Kathryn, y Smithsonian Institution, eds. *Natural History: The Ultimate Visual Guide to Everything on Earth.* New York: DK, 2010.

Descubre el asombroso desarrollo del embrión de un tritón alpino desde una sola célula hasta un complejo organismo vivo en el cortometraje "Becoming" de Jan van IJken, copyright 2017. https://vimeo.com/316043706.

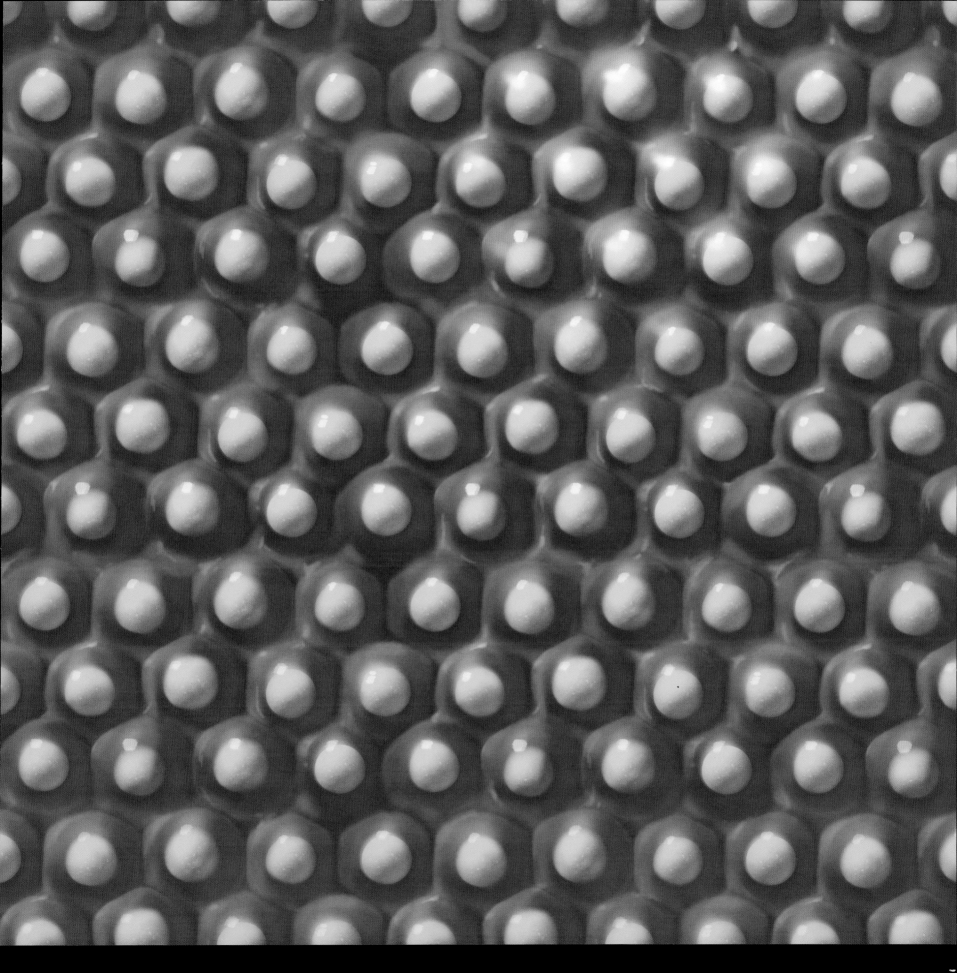

Tony Piedra se crio en Houston, Texas, cazando lagartijas en el patio de su casa y plasmando aventuras en su bloc de dibujos. Tras mudarse a California, trabajó durante muchos años en Pixar Animation Studios. En busca de un nuevo reto artístico, dejó ese empleo con la esperanza de crear algo hermoso por su cuenta. En 2018 esa esperanza se hizo realidad con la publicación de su primer libro ilustrado, *The Greatest Adventure*. Tony Piedra vive en el norte de California.

Mackenzie Joy se crio en California y pasó gran parte de su niñez dibujando, leyendo, haciendo deportes y disfrutando al aire libre. Su misión en la vida es unir a la gente y demostrar que toda persona puede aportar lo suficiente simplemente siendo fiel a sí misma. "Quiero fomentar la comprensión y el respeto entre las personas", dice, "por el bien del medio ambiente y la naturaleza, por la ciencia y por el arte". Mackenzie Joy es también la autora e ilustradora de *Wallflowers*. Vive en el norte de California.

"Mak & Tea" (Mackenzie y Tony) se conocieron en una reunión de autores de libros infantiles en el norte de California. Impresionado cada uno con las ideas y el arte del otro, no tardaron mucho en hacerse amigos. Pero no fue hasta 2019, cuando se encontraron atascados durante ocho horas por un vuelo retrasado, que decidieron trabajar juntos. Mientras conversaban y comían papitas fritas en el aeropuerto, concibieron ideas para cuatro libros. Uno de ellos es *Una ranita arbórea*.